LE CORDON BLEU

RECEPTEN VAN MEESTERKOKS

PASTA

KÖNEMANN

Inhoud

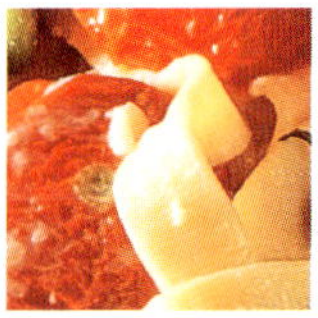

voor beginners — voor koks met enige ervaring — voor ervaren koks

Tortellini met champignonsaus

Verse tortellini, kleine pastapakketjes met een vulling van vlees, kaas of groenten, is tegenwoordig gemakkelijk verkrijgbaar, zodat u zonder problemen deze heerlijke maaltijd kunt bereiden.

Voorbereidingstijd: ***15 minuten***
Bereidingstijd: ***35 minuten***
Voor 4 personen

40 g ongezouten boter
2 sjalotjes, gesnipperd
500 g champignons, in dunne plakjes
1 el citroensap
2 el port
5 dl crème fraîche
500 g verse tortellini
zout en versgemalen zwarte peper
olie

1 Smelt de boter in een koekenpan en fruit de sjalotjes 3-5 min.; laat ze niet verkleuren. Voeg wat zout toe. Meng de champignons met het citroensap en voeg dit mengsel aan de sjalotjes toe. Voeg nog wat zout toe. Bak het mengsel op matig vuur 10-15 min., tot de champignons droog zijn en al het vocht is verdampt. Voeg de port toe en laat het mengsel 2-3 min. koken. Het mengsel moet bijna droog zijn, maar mag niet aanbranden. Roer de crème fraîche door de saus en laat deze 5-10 min. zachtjes inkoken, tot de saus zo dik is dat hij aan de achterkant van een lepel blijft hangen. Voeg naar smaak peper en zout toe.

2 Breng ondertussen een grote pan met gezouten water aan de kook. Voeg een scheutje olie toe, zodat de pasta niet aan elkaar gaat kleven. Kook de tortellini volgens de aanwijzingen op de verpakking. Giet hem af en verdeel hem over vier voorverwarmde borden. Schep de saus erover en strooi er wat versgemalen zwarte peper over.

Tip van de kok: vervang voor een sterkere smaak een deel van de champignons door gedroogde en vervolgens geweekte paddestoelen, bijvoorbeeld porcini's of shiitakes.

Fusilli met pesto

De naam pesto is afgeleid van de vijzel en de stamper (pestle) waarmee deze Italiaanse pasta van oudsher wordt bereid. In dit recept wordt munt toegevoegd.

Voorbereidingstijd: **10 minuten**
Bereidingstijd: **10 minuten**
Voor 4 personen

30 g fijngehakte verse muntblaadjes
30 g fijngehakt vers basilicum
3 el versgeraspte parmezaanse kaas
2 teentjes knoflook
30 g pijnboompitten
2 dl olijfolie
100 g parmezaanse kaas
500 g fusilli
wat verse basilicumblaadjes, om te garneren
zout

1 Pureer voor de pesto munt, basilicum, geraspte parmezaanse kaas, knoflook en pijnboompitten met de helft van de olie in een blender of keukenmachine. Voeg in een dunne, constante straal de resterende olie toe terwijl de machine draait. Snijd met een dunschiller dunne krullen van de parmezaanse kaas en houd deze apart.
2 Breng een grote pan met gezouten water aan de kook. Voeg een scheutje olie toe, zodat de pasta niet aan elkaar gaat kleven en kook de fusilli volgens de aanwijzingen op de verpakking. Laat hem uitlekken en leg hem weer in de pan.
3 Meng twee derde van de pesto door de pasta; voeg eventueel wat meer toe. Verwarm het geheel 10 sec.; kook het niet te lang. Serveer het gerecht met de kaaskrullen en basilicumblaadjes.

Tip van de kok: voor een traditionele pesto kunt u de munt vervangen door basilicum. Pesto kan 1 week in de koelkast worden bewaard.

Farfalle met rode pesto

In dit bijzondere recept wordt het basilicum uit de traditionele groene pesto vervangen door zongedroogde tomaten.

Voorbereidingstijd: **10 minuten**
Bereidingstijd: **15 minuten**
Voor 4–6 personen

100 g zongedroogde tomaten in olie
30 g pijnboompitten
2 teentjes knoflook
35 g versgeraspte parmezaanse kaas
1,25 dl olijfolie en wat extra
500 g farfalle (strikjes)
zout en versgemalen zwarte peper

1 Laat voor de rode pesto de tomaten uitlekken en doe deze samen met de pijnboompitten en het knoflook in een koekenpan met anti-aanbaklaag. Verwarm dit mengsel al roerend 6 min. op laag vuur, totdat de pijnboompitten goudbruin zijn.
2 Doe het mengsel over in een blender of keukenmachine en hak het fijn. Voeg de parmezaanse kaas toe, laat de machine 1 minuut draaien en breng het mengsel op smaak met peper. Voeg geleidelijk de olijfolie toe; laat de machine draaien tot er een egaal mengsel ontstaat.
3 Breng een grote pan met gezouten water aan de kook. Voeg een scheutje olie toe, zodat de pasta niet aan elkaar gaat kleven en kook de farfalle volgens de aanwijzingen op de verpakking. Giet de pasta af en schep de pesto erdoor.

Tip van de kok: deze saus kan wat pikanter gemaakt worden door extra knoflook, ansjovis of Spaanse pepers toe te voegen.

Fusilli met munt en basilicum pesto (boven) en Farfalle met rode pesto

Linguine vongole

Linguine, Italiaans voor 'tongetjes', zijn lange, platte noedels. Hier worden ze gecombineerd met schelpdieren in een romige wijn-peterseliesaus. Tijdrovend om te maken, maar zeker de moeite waard.

Voorbereidingstijd: ***25 minuten + 1 uur weken***
Bereidingstijd: ***50 minuten***
Voor 4–6 personen

2 kg schelpdieren
100 g ongezouten boter
1 grote ui, fijngehakt
1 grote stengel bleekselderij, in dunne reepjes
2 takjes verse tijm
1 laurierblad
8 takjes verse peterselie
8 teentjes knoflook, fijngehakt
100 g champignons, in plakjes
7,5 dl droge witte wijn
500 g linguine
olijfolie
2 el bloem
4 dl crème fraîche
4 el fijngehakte peterselie
zout en versgemalen zwarte peper

1 Was de schelpdieren en laat ze 1 uur in koud water weken. Ververs het water een paar keer. Smelt ondertussen in een grote pan 80 g boter en bak de uien op laag vuur 5 min. Voeg bleekselderij, tijm, laurierblad, peterselie, knoflook, champignons en wijn toe. Breng het mengsel aan de kook en laat het 5 min. doorkoken. Voeg de uitgelekte schelpdieren aan het mengsel toe en laat het nog 5-8 min. (15-20 min. voor grote schelpdieren) koken, totdat de schelpen opengaan. Haal ze met een lepel uit de vloeistof en laat ze afkoelen. Gooi ongeopende exemplaren weg. Haal het vlees uit de schelpen en spoel het af. Laat het vlees uitlekken en hak de helft ervan in stukken. Laat de saus nog 10 min. koken en giet hem dan door een zeef die bedekt is met een vochtige theedoek. Meet 4 dl kooknat af.

2 Breng een pan met gezouten water aan de kook. Voeg een scheutje olie toe, zodat de pasta niet aan elkaar gaat kleven en kook de linguine volgens de aanwijzingen op de verpakking. Giet hem af, schep er wat olijfolie door en houd hem warm.

3 Smelt de resterende boter in een steelpan. Roer de bloem erdoor en laat het mengsel 2 min. koken. Neem de pan van het vuur en roer het kooknat er met een garde geleidelijk door. Zet de pan weer op het vuur en breng het mengsel al roerend aan de kook. Laat de saus 5 min. zachtjes koken tot hij indikt. Roer de crème fraîche erdoor en laat de saus 5 min. zachtjes koken. Voeg alle schelpdieren, peterselie, wat zout en peper toe. Kook de saus nog 30 sec. en verdeel hem over de linguine.

Pastasalade met spinazie

Deze combinatie van roquefort, bacon, walnoten en groene pasta is altijd een geslaagde maaltijd.

Voorbereidingstijd: ***20 minuten***
Bereidingstijd: ***10 minuten***
Voor 4 personen

PASTA
200 g bloem
½ tl zout
20 ml olijfolie
2 eieren, losgeklopt
2 el diepvriesspinazie, ontdooid, uitgelekt en fijngehakt

1 sjalotje
1 teentje knoflook, fijngehakt
50 ml witte-wijnazijn
1,2 dl walnotenolie
100 g roquefort, in blokjes
1 kleine rode ui, in dunne ringen
4 plakken bacon, krokant gebakken, in stukken
50 g walnoten, geroosterd in het baconvet
1 el fijngehakte peterselie
zout

1 Bereid de pasta (zie Basistechnieken, blz. 62). Voeg de spinazie en de eieren toe. Deel het deeg in tweeën en haal het door de pastamachine. Haal de pastavellen door de fijnste stand en dan door de 6 mm-snijder om tagliatelle te maken (zie blz. 63).

2 Meng voor de vinaigrette sjalotje, knoflook, azijn, olie, zout en peper zorgvuldig.

3 Breng een grote pan met gezouten water aan de kook. Voeg een scheutje olie toe, zodat de pasta niet aan elkaar gaat kleven. Kook de pasta beetgaar in 2-3 min. Giet hem af, spoel hem af en laat hem uitlekken.

4 Doe de pasta en de vinaigrette over in een schaal. Voeg de resterende ingrediënten toe en schep het geheel goed om.

Cannelloni

Deze pastabuisjes zijn gevuld met mals vlees, bedekt met een romige kaassaus en in de oven goudbruin gebakken. Een ideale lunch, geserveerd met een frisse, groene salade.

Voorbereidingstijd: ***50 minuten***
Bereidingstijd: ***55 minuten***
Voor 4 personen

30 g vers broodkruim
1 el melk
20 g ongezouten boter
1 ui, gesnipperd
100 g varkensfilet
160 g kipfilet
80 ml room
3 el fijngehakte verse peterselie
30 g versgeraspte parmezaanse kaas
1 eiwit, licht geklopt
30 g prosciutto, in blokjes
12 cannelloni-rollen
zout en peper (naar keuze)

SAUS
60 g ongezouten boter
40 g bloem
5 dl melk
70 g geraspte gruyère

1 Verwarm de oven voor op 180 °C. Week het broodkruim in de melk. Smelt de boter in een pannetje en bak de uitjes zacht en glazig. Hak het vlees en de kip zeer fijn in de keukenmachine en leg dit mengsel in een schaal, samen met het geweekte broodkruim, de room, peterselie, parmezaanse kaas en voldoende eiwit om de vulling bij elkaar te houden. Voeg de prosciutto en de gefruite uitjes toe. Voeg wat peper en zout toe.
2 Schep het vleesmengsel in een spuitzak met grote spuitmond en vul de cannelloni.
3 Voor de saus: smelt 40 g boter. Voeg de bloem toe en verwarm het mengsel al roerend 3 min. Neem de pan van het vuur en voeg de melk geleidelijk toe. Zet de pan weer op het vuur en blijf roeren tot de saus zo dik is dat hij aan een lepel blijft hangen. Voeg de kaas toe, blijf roeren tot hij gesmolten is en voeg dan de overgebleven boter toe. Giet een dun laagje saus in een ovenschaal en leg de gevulde cannelloni in de saus. Giet de overgebleven saus erover en bak het gerecht 25 min. afgedekt en vervolgens 15-20 min. zonder deksel, tot de bovenkant licht verkleurd is.

Tip van de kok: u kunt ook kant-en-klaar gehakt en kipgehakt gebruiken.

Pasta primavera

Door de verse smaak van lentegroenten en de verfijnde smaak van peterselie en munt is deze pastamaaltijd een goede manier om de lente in te luiden.

Voorbereidingstijd: ***40 minuten***
Bereidingstijd: ***35 minuten***
Voor 4 personen

5 dl groentebouillon
12 bosuitjes, in 5 cm grote stukjes
12 Amsterdamse uitjes
25 g tuinbonen, afgehaald
12 asperges, in 5 cm grote stukjes
12 worteltjes, in 5 cm grote stukjes
100 g doperwtjes
100 g verse spaghetti
3 eierdooiers
2 dl crème fraîche
25 g ongezouten boter
50 g versgeraspte parmezaanse kaas
2 el fijngehakte verse peterselie
1 el fijngehakte verse munt
versgeraspte parmezaanse kaas, erbij
zout en peper

1 Breng de bouillon aan de kook. Blancheer de groenten in de bouillon. Schep de groenten met een schuimspaan uit de bouillon, spoel ze af onder koud stromend water en zet ze apart.

2 Breng een grote pan met gezouten water aan de kook. Voeg een scheutje olie toe, zodat de pasta niet aan elkaar gaat kleven. Kook de spaghetti beetgaar in 2-3 min. Giet hem af en houd hem warm.

3 Breng een grote pan water aan de kook en neem deze van het vuur. Plaats een grote kom op de pan; zorg ervoor dat de bodem van de kom het water niet raakt. Klop in de kom de eierdooiers door 50 ml van de overgebleven bouillon, totdat het mengsel dikker wordt. Voeg de crème fraîche, boter, parmezaanse kaas en nog 2 dl bouillon toe; roer voorzichtig. De saus moet licht en vloeibaar zijn. Voeg de uitgelekte groenten toe, verwarm het geheel, maar laat het niet koken.

4 Schep de spaghetti door de saus, roer de peterselie en de munt erdoor en warm het gerecht goed door. Voeg naar smaak zout en peper toe. Serveer het gerecht in voorverwarmde soepborden, bestrooid met parmezaanse kaas.

Tip van de kok: u kunt ook gedroogde spaghetti gebruiken. Kook deze volgens de aanwijzingen op de verpakking.

Italiaanse gehaktballen

Een echte winterse maaltijd van gehaktballen in een rijke tomatensaus. U kunt de gehaktballen maken van rundergehakt of van half-om-half gehakt.

Voorbereidingstijd: ***50 minuten***
Bereidingstijd: ***1 uur 25 minuten***
Voor 4 personen

4 el olijfolie
1 ui, fijngehakt
2 teentjes knoflook, fijngehakt
¼ tl fijngehakte verse oregano
500 g mager rundergehakt
1 ei, losgeklopt
500 g spaghetti
versgeraspte parmezaanse kaas, erbij

SAUS
2 el olijfolie
1 grote ui, fijngehakt
4 x 425 g gepelde pomodores uit blik, gepureerd (met het sap)
5 teentjes knoflook, fijngehakt
1 laurierblad
2 takjes verse tijm
zout en peper

1 Verhit de helft van de olie op matig vuur en bak de ui in 5-7 min. zacht. Neem de pan van het vuur en roer knoflook en oregano erdoor. Giet het teveel aan olie af en zet het mengsel apart om af te koelen. Meng het gehakt door het mengsel als het is afgekoeld. Voeg peper en zout toe en voeg zo veel ei toe dat er een samenhangend mengsel ontstaat.

2 Verdeel het vlees in 8 porties en vorm hiervan gladde balletjes. Verhit de overgebleven olijfolie in een koekenpan en bak hierin de gehaktballen rondom bruin. Laat ze uitlekken op keukenpapier.

3 Voor de saus: verhit de olijfolie en fruit de ui 5 min.; laat hem niet verkleuren. Voeg tomatenpuree, knoflook, laurierblad, tijm en gehaktballen toe en laat het geheel afgedekt 20 min. sudderen. Laat het vervolgens onafgedekt 30-40 min. sudderen. Schep eventueel het bovenste laagje eraf. Verwijder laurierblad en tijm en voeg wat zout en peper toe.

4 Breng een grote pan met gezouten water aan de kook. Voeg een scheutje olie toe, zodat de pasta niet aan elkaar gaat kleven en kook de pasta volgens de aanwijzingen op de verpakking.

5 Giet de pasta af en schep hem op een grote schaal of op afzonderlijke borden. Verdeel de saus en gehaktballen erover, bestrooid met parmezaanse kaas.

Spaghetti bolognese

Spaghetti bolognese, een van de bekendste Italiaanse gerechten, is afkomstig uit de Bologne in Noord-Italië.

Voorbereidingstijd: ***50 minuten***
Bereidingstijd: ***1 uur 10 minuten***
Voor 6–8 personen

1,25 dl olijfolie
1 kg mager rundergehakt
1 grote ui, fijngehakt
2 el tomatenpure
80 ml rode wijn
8 teentjes knoflook, fijngehakt
2,5 kg tomaten, zonder zaadjes, ontveld en gepureerd
4 takjes verse tijm
1 laurierblad
750 g spaghetti
versgeraspte parmezaanse kaas
zout en peper

1 Verhit in een grote pan de helft van de olie. Voeg het gehakt toe en bak het 10 min. Het braadvocht moet verdampt zijn. Giet het vet af en houd het vlees apart. Verhit de overgebleven olie en fruit hierin de ui 5 min. Voeg de tomatenpuree toe en bak het mengsel 1-2 min. Voeg de wijn toe en kook het mengsel 5 min. Doe het vlees terug in de pan, voeg knoflook, tomaten, tijm en laurierblad toe en laat het mengsel 45 min. sudderen, tot de vloeistof voor de helft verdampt is. Verwijder tijm en laurierblad.
2 Breng een grote pan met gezouten water aan de kook. Voeg een scheutje olie toe, zodat de pasta niet aan elkaar gaat kleven en kook de pasta volgens de aanwijzingen op de verpakking. Giet hem af en verdeel hem over de borden. Schenk de saus over erover en serveer het gerecht met parmezaanse kaas.

Fettuccine Alfredo

Een heerlijke, romige maaltijd die eenvoudig en snel te maken is. Gebruik voor een goed resultaat versgeraspte parmezaanse kaas; kant-en-klare geraspte kaas is vaak minder lekker.

Voorbereidingstijd: ***5 minuten***
Bereidingstijd: ***15 minuten***
Voor 4 personen

4 dl crème fraîche
200 g versgeraspte parmezaanse kaas
3 el fijngehakte verse peterselie
500 g fettuccine
versgeraspte parmezaanse kaas, erbij
zout en versgemalen zwarte peper

1 Breng de crème fraîche in een pan met dikke bodem aan de kook. Klop de parmezaanse kaas er in gedeelten door. Voeg peterselie, zout en versgemalen zwarte peper toe. Breng ondertussen een grote pan met gezouten water aan de kook. Voeg een scheutje olie toe, zodat de pasta niet aan elkaar gaat kleven en kook de fettuccine volgens de aanwijzingen op de verpakking. Giet hem af en schep de roomsaus erdoor. Serveer het gerecht met versgeraspte parmezaanse kaas.

Spaghetti Bolognese (boven) en Fettucine Alfredo

Geitenkaasravioli met venkelpuree

Er is wat geduld nodig bij het bereiden van deze maaltijd, maar u zult er een goede indruk mee maken. De verse tomatensaus en de verfijnde smaak van de venkel gaan goed samen met de ravioli.

Voorbereidingstijd: ***1 uur + 15 minuten invriezen***
Bereidingstijd: ***1 uur***
Voor 4 personen

PASTA
100 g bloem
snufje zout
10 ml olijfolie en wat extra
1 ei, losgeklopt

200 g geitenkaas, in 18-20 plakjes
1 ei, losgeklopt

VENKELPUREE
375 g venkel, in plakjes
1 sjalotje, in ringen
2,25 dl kippenbouillon
takje verse tijm
1 laurierblad

TOMATENSAUS
1 sjalotje, fijngehakt
2 teentjes knoflook, fijngehakt
4 tomaten, ontveld, zonder zaadjes, in vieren gesneden
takje verse tijm
snufje suiker

BOTERSAUS
135 g ongezouten boter, in blokjes
1 sjalotje, fijngehakt
75 ml witte wijn
takje verse tijm
½ laurierblad
50 ml room
1 tl citroensap
peper en zout

1 Maak de pasta (zie Basistechnieken, blz. 62). Verdeel echter het deeg in twee stukken voordat u het door de pastamachine haalt. Haal de stukken op de fijnste stand door de machine en dan door de 6 mm-snijder om tagliatelle te maken (zie blz. 63).
2 Leg de plakken geitenkaas zo op één pastavel dat ze ongeveer 4 cm van elkaar en 4 cm van de rand liggen. Bestrijk het vel rondom de kaas met ei. Leg het tweede pastavel erop en druk het stevig aan rondom de hoopjes geitenkaas, om de pakketjes af te sluiten. Snijd met een pastasnijder of een vormpje vierkantjes van 6 x 8 cm. Leg deze in een enkele laag op een vel bakpapier en laat ze in 15 min. bevriezen (zie blz. 63).
3 Voor de venkelpuree: kook de venkel samen met het sjalotje en een paar eetlepels bouillon afgedekt 10 min. Voeg de kruiden en de overgebleven bouillon toe en laat dit mengsel afgedekt 15 min. sudderen tot het gaar is. Giet het kooknat af, verwijder de kruiden en pureer de venkel en het sjalotje in de keukenmachine.
4 Voor de tomatensaus: verhit wat olie in een pan. Voeg de overige sausingrediënten toe en wat peper en zout. Laat de saus 10 min. koken, tot hij dik is.
5 Voor de botersaus: smelt de boter in een pan en fruit het sjalotje 3 min. Voeg de wijn en de kruiden toe en kook het mengsel 5 min. zachtjes, tot de vloeistof voor de helft verdampt is. Voeg de room toe, wacht tot de vloeistof zachtjes kookt en zet dan het vuur zacht. Klop geleidelijk de boter erdoor, maar zorg ervoor dat de saus niet gaat koken. Roer het citroensap erdoor en houd de saus warm.
6 Breng een grote pan met gezouten water aan de kook. Voeg een scheutje olie toe, zodat de pasta niet aan elkaar gaat kleven en kook de ravioli in 3-4 min. beetgaar. Laat hem uitlekken. Schep de venkelpuree in het midden van 4 borden. Leg daarop wat ravioli, giet er wat botersaus over en sprenkel een beetje tomatensaus langs de rand.

Pasta al pomodoro

Pomodoro, het Italiaanse woord voor tomaat, is het belangrijkste ingrediënt in deze maaltijd. Door de tomaten uit blik krijgt de saus een dieprode kleur en u kunt deze maaltijd het hele jaar door maken.

Voorbereidingstijd: ***20 minuten***
Bereidingstijd: ***1 uur 15 minuten***
Voor 4–6 personen

15 g basilicumtakjes
2 takjes verse tijm
1 laurierblad
2 el olijfolie en wat extra
1 grote ui, fijngehakt
4 x 425 g gepelde pomodores uit blik, gepureerd
5 teentjes knoflook, fijngehakt
500 g rigatoni of penne rigate
versgeraspte parmezaanse kaas, erbij
peper en zout

1 Haal de basilicumblaadjes van de steeltjes en bind de steeltjes met de tijm en het laurierblad samen.
2 Verhit de olie in een grote koekenpan en fruit hierin de ui 5 min. zachtjes. Voeg tomatenpuree, knoflook en het kruidenbundeltje toe. Breng het mengsel aan de kook, zet het vuur laag en laat het mengsel afgedekt 40 min. zachtjes koken. Laat het vervolgens zonder deksel 20 min. doorkoken; roer af en toe. Voeg wat peper en zout naar smaak toe.
3 Breng een grote pan met gezouten water aan de kook. Voeg olie toe, zodat de pasta niet aan elkaar gaat kleven en kook de rigatoni of penne rigate volgens de aanwijzingen op de verpakking. Giet de pasta af, schep er wat olijfolie door en houd hem warm.
4 Verwijder het kruidenbundeltje als de saus klaar is en gooi het weg. Hak de basilicumblaadjes fijn en roer ze door de saus. Het geheel mag niet meer koken.
5 Schep de saus door de pasta en serveer het gerecht met parmezaanse kaas.

Tip van de kok: deze saus kan ook van verse tomaten gemaakt worden, maar dit is alleen aan te raden in het beste seizoen. Gebruik geen wintertomaten, omdat deze voor het grootste gedeelte uit water bestaan en bijna geen kleur en smaak bevatten. Als er goede tomaten verkrijgbaar zijn, kunt u dezelfde hoeveelheid als in het recept gebruiken; ontvel ze en verwijder de zaadjes. Misschien moet u 1 eetlepel tomatenpuree toevoegen om de kleur en smaak te versterken. Voeg de tomatenpuree toe nadat de uien gefruit zijn en verwarm de puree 1-2 min. mee, voordat u de overige ingrediënten toevoegt.

Pasta marinara

Voor dit recept kunt u allerlei zeevruchten gebruiken. Kook ze niet te lang, want dan worden ze taai.

Voorbereidingstijd: ***20 minuten***
Bereidingstijd: ***1 uur 40 minuten***
Voor 4–6 personen

2 takjes verse tijm
2 takjes verse peterselie
1 laurierblad
1,25 dl olijfolie
1 grote ui, fijngehakt
1,25 dl witte wijn
3 x 425 g gepelde tomaten uit blik, gepureerd
3 teentjes knoflook, fijngehakt
8-10 stevig gesloten mosselen, schoon geboend
250 g kammosselen, ader verwijderd
250 g pijlinktvis, in ringen
500 g middelgrote garnalen, gepeld en gekookt
15 g verse gladde peterselie, gehakt
500 g droge spaghetti
peper en zout

1 Bind de kruiden en laurierblad tot een bundeltje. Verhit twee derde van de olie in een pan en kook hierin de ui 5 min. zonder hem te laten verkleuren. Voeg de wijn toe en laat hem zachtjes tot een kwart inkoken. Voeg tomaat, knoflook en kruidenbundeltje en laat ze 20 min. afgedekt en 40 min. onafgedekt zachtjes koken. Voeg de mosselen toe laat ze in 5 min. open gaan. Gooi ongeopende weg.
2 Verhit de resterende olie en frituur de kammosselen en inktvis in 1 min. wit en stevig. Voeg ze met de garnalen aan de saus toe en verhit goed. Verwijder de kruiden en voeg de peterselie toe.
3 Breng een grote pan met gezouten water aan de kook. Voeg olie toe zodat de pasta niet aan elkaar gaat kleven en kook de spaghetti volgens de aanwijzingen op de verpakking. Breng de saus op smaak.

Klassieke lasagne

Hoewel deze zeer populaire, traditionele Italiaanse maaltijd met kant-en-klare lasagnevellen gemaakt kan worden, gaat er niets boven de smaak van verse lasagne.

Voorbereidingstijd: ***1 uur + 20 minuten rusten***
Bereidingstijd: ***2 uur 15 minuten***
Voor 10-12 personen

olijfolie, om in te bakken
1 kg rundergehakt
1 grote ui, fijngehakt
3 el tomatenpuree
1,25 dl rode wijn
8 teentjes knoflook, fijngehakt
1700 g gepelde tomaten uit blik, gepureerd (met sap)
4 takjes tijm
1 laurierblad
650 g ricotta
1 dl crème fraîche
4 eieren
400 g mozzarella, in dunne plakjes
50 g versgeraspte parmezaanse kaas

PASTA
400 g bloem
1 tl zout
40 ml olijfolie
4 eieren, losgeklopt
peper en zout

1 Verhit 2 eetlepels olijfolie, voeg het gehakt toe en bak het op hoog vuur in 10 min. bruin. Giet het vet af en zet het vlees apart. Doe wat olie in de pan en fruit hierin de ui 5 min.; laat hem niet verkleuren. Voeg de tomatenpuree toe en bak het mengsel 1-2 min. Voeg vervolgens wijn, knoflook, tomaten, kruiden en gehakt toe en laat het geheel 1 uur sudderen, tot het vocht voor de helft is verdampt.

2 Maak de pasta (zie Basistechnieken, blz. 62). Verdeel het deeg in vier stukken voordat u het door de pastamachine haalt. De vellen moeten 1-2 mm dik zijn. Snijd de vellen in rechthoeken.

3 Breng een grote pan met gezouten water aan de kook. Voeg olie toe, zodat de pasta niet aan elkaar gaat kleven en kook de lasagnevellen een voor een in 2-3 min. beetgaar. Leg ze in een schaal met koud water, giet ze af en leg ze tussen theedoeken.

4 Laat de ricotta in een zeef uitlekken en meng hem met de crème fraîche en de eieren in een kom. Voeg wat peper en zout toe, dek het mengsel af en zet het apart. Verwarm de oven voor op 190 °C.

5 Schep 200 g gehakt in een ovenschaal. Leg daar een laag pasta op, vervolgens een derde van het ricottamengsel en wat gehakt. Herhaal dit nog twee keer. Bedek de lasagne met de mozzarella en de parmezaanse kaas. Bak hem in 45 min. goudbruin.

Saffraanpasta met tomaten en tuinbonen

De gele pasta, de dieprode tomaten en de groene tuinbonen maken deze maaltijd tot een kleurig en smakelijk geheel. U kunt roomkaas of ricotta gebruiken. Voor een dunnere saus kunt u wat extra bouillon toevoegen.

Voorbereidingstijd: ***1 uur + 15 minuten weken***
Bereidingstijd: ***1 uur 40 minuten***
Voorgerecht voor 6 personen

PASTA
mespunt saffraandraadjes
300 g bloem
1 tl zout
10 ml olijfolie
3 eieren, losgeklopt
zout en versgemalen zwarte peper

250 g kerstomaten
2-3 takjes verse tijm
400 g tuinbonen, afgehaald
4 el olijfolie
2 teentjes knoflook, uitgeperst
60 g roomkaas of ricotta
2 dl groente- of kippenbouillon
60 g versgeraspte parmezaanse kaas

1 Verwarm de oven voor op 150 °C. Week de saffraan 15 min. in 15 ml heet water.

2 Maak de pasta (zie Basistechnieken, blz. 62) en voeg de saffraandraadjes en het vocht tegelijk met de eieren toe. Verdeel het deeg echter in vier stukken voordat u het op de fijnste stand door de pastamachine haalt; stel de messen af op 6 mm, zodat u tagliatelle krijgt (zie blz. 63).

3 Halveer de tomaten en leg ze op een bakplaat. Strooi hier wat tijm en wat zout over en bak ze 1¼ tot 1½ uur. De tomaten moeten droog, maar nog steeds zacht zijn. Neem ze van de bakplaat en laat ze afkoelen.

4 Kook de bonen in ongeveer 6 min. gaar. Giet ze af en laat ze afkoelen. Verwijder van alle bonen de schil – u kunt ze er zo uitknijpen.

5 Breng een grote pan met gezouten water aan de kook. Voeg olie toe, zodat de pasta niet aan elkaar gaat kleven en kook de tagliatelle in 2-3 min. beetgaar. Giet hem af.

6 Verhit in een koekenpan de helft van de olijfolie en bak het knoflook lichtbruin. Doe de ricotta of de roomkaas met de bouillon in een keukenmachine, voeg het knoflook toe en meng alles tot een egaal mengsel. Warm het door in de koekenpan. Voeg de helft van de tomaten, de bonen, parmezaanse kaas, de overgebleven olijfolie en de tagliatelle toe. Schep alles door elkaar en voeg wat peper en zout toe. Serveer het gerecht met de resterende tomaten.

Pompoenravioli met basilicumboter

De lekkere smaak van de pompoen-kruidenvulling van de ravioli past goed bij de basilicumboter. De pasta moet zo dun mogelijk uitgerold worden, maar zorg ervoor dat hij niet scheurt.

Voorbereidingstijd: ***1 uur 30 minuten***
Bereidingstijd: ***1 uur 20 minuten***
Voor 6–8 personen

400 g pompoen
30 ml olijfolie
75 g parmaham, fijngehakt
50 g versgeraspte parmezaanse kaas
2 el fijngehakt vers basilicum
3 el fijngehakte verse salie
1 eierdooier
30 ml crème fraîche
snufje nootmuskaat, zout en peper

PASTA
400 g bloem
1 tl zout
40 ml olijfolie
4 eieren, losgeklopt

KRUIDENBOTER
160 g ongezouten boter of olijfolie
6 teentjes knoflook, gehalveerd
30 g fijngehakt vers basilicum

1 Verwarm de oven voor op 190 °C. Leg de pompoen op een licht ingevette bakplaat en bestrijk hem met olijfolie. Bak de pompoen circa 1 uur, tot het vruchtvlees zacht is als u er zachtjes met een lepel op drukt. Zet de pompoen apart.
2 Maak de pasta volgens de methode in de Basistechnieken op blz. 62. Verdeel het deeg in vier porties voordat u het door de pastamachine haalt. Haal de stukken op de fijnste stand door de machine. Ze moeten minstens 16 cm lang zijn. Snijd de pasta in 12 cm brede stroken.
3 Schraap het vruchtvlees uit de pompoen als hij is afgekoeld en stamp dit fijn in een kom. Roer parmaham, parmezaanse kaas, basilicum, salie, eierdooier en crème fraîche erdoor. Voeg wat nootmuskaat, zout en peper toe en zet het geheel afgedekt weg.
4 Schep op 6 cm onderlinge afstand volle theelepels van het pompoenmengsel op de pastastroken. Bestrijk de pasta langs de pompoenhoopjes lichtjes met water. Leg er een ander pastavel bovenop en druk dit langs elk hoopje pompoen goed aan, om de lucht te laten ontsnappen en de pakketjes af te sluiten. Snijd de ravioli door met een pastasnijder van 6 cm stevig op de pastavellen te drukken. Bestrooi de ravioli lichtjes met bloem. Leg ze in enkele rijen tussen bakpapier en leg ze tot gebruik in de koelkast (zie Basistechnieken, blz. 63).
5 Breng een grote pan met gezouten water aan de kook. Voeg olie toe, zodat de pasta niet aan elkaar gaat kleven en kook de ravioli in porties in 5-6 min. beetgaar. De ravioli gaat dan aan de oppervlakte drijven. Laat hem uitlekken.
6 Voor de kruidenboter: smelt de boter. Voeg het knoflook toe en laat het een paar minuten trekken. Hoe langer het knoflook erin blijft, hoe sterker de smaak; laat het echter niet bruin worden. Haal de pan van het vuur en verwijder het knoflook. Voeg het basilicum toe.
7 Schep de ravioli zorgvuldig door de basilicumboter, zodat hij goed doorgewarmd wordt. Serveer het gerecht op voorverwarmde borden.

Tip van de kok: rooster voor extra garnering wat pompoenpitjes goudbruin, bestrooi ze lichtjes met zout en verdeel de pitjes over de ravioli.

Pasta met twee kaassoorten

Een snelle, simpele maaltijd die met zowel gedroogde als verse pasta gemaakt kan worden. Lekker met gegrilleerd vlees.

Voorbereidingstijd: ***20 minuten***
Bereidingstijd: ***25 minuten***
Voor 4 personen

PASTA
400 g bloem
1 tl zout
40 ml olijfolie
4 eieren, losgeklopt

3 el olijfolie
40 g versgeraspte gruyère
100 g versgeraspte parmezaanse kaas
extra stuk parmezaanse kaas, voor kaaskrullen
zout en versgemalen zwarte peper

1 Maak de pasta volgens de Basistechnieken op blz. 62. Verdeel het deeg in vier porties voordat u het door de pastamachine haalt. Haal de pasta door de fijnste stand en stel de messen op 6 mm om tagliatelle te maken (zie Basistechnieken, blz. 63).
2 Breng een grote pan met gezouten water aan de kook. Voeg olie toe, zodat de pasta niet aan elkaar gaat kleven en kook hem in 2-3 min. beetgaar.
3 Giet de pasta af, doe hem over in een schaal en schenk de olijfolie erover. Voeg wat zout en peper toe. Schep de gruyère en de parmezaanse kaas erdoor. Serveer het gerecht met geschaafde parmezaanse kaas en strooi er wat peper over.

Tip van de kok: de krullen van parmezaanse kaas zijn gemakkelijk te maken. Neem een stuk kaas en maak krullen met een dunschiller.

Spaghetti carbonara

De pasta moet goed uitgelekt en zeer heet zijn voordat u hem door de saus schept, omdat de eierdooiers stollen door de hitte van de pasta.

Voorbereidingstijd: ***10 minuten***
Bereidingstijd: ***20 minuten***
Voor 4–6 personen

4 el olie
250 g plakken bacon, in 1 cm grote blokjes
500 g spaghetti
8 eierdooiers
100 g versgeraspte parmezaanse kaas
2 el fijngehakte verse peterselie
zout en versgemalen zwarte peper

1 Verhit de olie in een koekenpan en bak de bacon in 5-10 min. bruin en knapperig. Giet het vet af en laat de bacon uitlekken op keukenpapier. Zet hem apart.
2 Breng een grote pan met gezouten water aan de kook. Voeg olie toe, zodat de pasta niet aan elkaar gaat kleven en kook de pasta volgens de aanwijzingen op de verpakking.
3 Klop ondertussen de eieren in een schaal los en voeg wat peper toe. Klop er 3 eetlepels kokend water door en voeg de parmezaanse kaas toe. Giet de spaghetti goed af en schep hem door het kaasmengsel. Schep de bacon erdoor, bestrooi het gerecht met wat peterselie en serveer het direct.

Pasta met twee kaassoorten (boven) en Spaghetti carbonara

Ricotta-schelpen

De lange bereidingstijd: kan u misschien afschrikken, maar bedenk dat zowel de tomatensaus als de ricotta-schelpen lang in de oven moeten, zodat u tijd hebt voor andere dingen.

Voorbereidingstijd: ***1 uur***
Bereidingstijd: ***2 uur 30 minuten***
Voor 4 personen

40 g ongezouten boter
60 g plakken bacon, in blokjes
1 kleine ui, fijngehakt
1 kleine wortel, in stukjes
2 el tomatenpuree
1 el bloem
500 g tomaten, ontveld, zonder zaadjes, in stukjes
bouquet garni (zie Tip van de kok)
4 teentjes knoflook, fijngehakt
5 dl kippenbouillon of water
32-40 grote pastaschelpen
olijfolie
500 g ricotta
25 g versgeraspte parmezaanse kaas
2 eieren
1 el fijngehakte verse peterselie
1 el fijngehakt vers basilicum
¼ tl nootmuskaat
250 g mozzarella of bocconcini, in plakjes of geraspt

1 Verwarm de oven voor op 180 °C. Voor de tomatensaus: smelt de boter in een ovenvaste pan met deksel. Voeg de bacon toe en bak hem goudbruin. Voeg ui en wortel toe en bak het mengsel 3 min. Voeg de tomatenpuree toe, roer goed en kook het mengsel 2 min. Strooi de bloem erover en bak dit mengsel 5 min. in de oven. Neem de pan uit de oven en roer goed, tot de bloem is opgenomen. Voeg tomaten, bouquet garni en knoflook toe. Bak dit mengsel 5 min. op het fornuis; roer goed, voeg vervolgens de bouillon of water toe en breng dit mengsel al roerend aan de kook. Laat het 2 min. doorkoken en laat de saus vervolgens 1 uur afgedekt in de oven pruttelen.

2 Breng een grote pan met gezouten water aan de kook. Voeg olie toe, zodat de pasta niet aan elkaar gaat kleven en kook de schelpen volgens de aanwijzingen op de verpakking. Giet ze af en besprenkel ze met wat olijfolie. Leg ze op een vochtige theedoek.

3 Bestrijk de binnenkant van een ovenschaal met wat olie. Meng in een kom de ricotta met de parmezaanse kaas, de eieren, kruiden, nootmuskaat en wat zout en peper. Schep het mengsel in een spuitzak met ronde spuitmond en vul de schelpen. Leg ze naast elkaar op voorverwarmde borden.

4 Giet de tomatensaus door een zeef en vang het vocht op. Om zo veel mogelijk vocht te krijgen, moet u wat druk op de zeef uitoefenen. Verwijder de resten uit de zeef. Breng de saus aan de kook en schep, indien nodig, het bovenste laagje eraf. Laat de saus 20 min. zachtjes koken, tot hij is ingedikt. Schenk hem over de gevulde schelpen. Strooi de mozzarella over de saus en bak het geheel 30-40 min. in de oven, totdat de kaas is gesmolten en verkleurd.

Tip van de kok: bind voor het bouquet garni het groene gedeelte van een prei losjes om een laurierblad, een takje tijm, wat blaadjes selderij en een paar takjes peterselie. Knoop de prei vast en laat een eindje prei zitten; zo kan het gemakkelijk worden verwijderd.

Penne piselli

De naam van deze maaltijd met de heerlijke smaak van bacon en doperwtjes in een romige saus komt van 'piselli', het Italiaanse woord voor erwtjes.

Voorbereidingstijd: ***15 minuten***
Bereidingstijd: ***40 minuten***
Voor 4 personen

300 g plakjes bacon, in 1 cm grote blokjes
2 el olie
1 grote ui, fijngehakt
5 dl crème fraîche
150 g doperwten, vers of uit de diepvries
500 g penne
2 el versgeraspte parmezaanse kaas
geschaafde parmezaanse kaas, erbij

1 Leg de bacon in een pan en giet er koud water over. Breng het geheel aan de kook, giet het af en giet er opnieuw koud water bij. Giet het weer af en dep de bacon droog. Verhit de olie op matig vuur in een koekenpan met anti-aanbaklaag en bak de bacon 3-4 min., tot hij licht verkleurd is. Voeg de ui toe en bak hem in 3-5 min. zacht. Giet overtollige olie af, doe de ui en de bacon in een steelpan en voeg de crème fraîche toe. Breng dit mengsel aan de kook en laat de saus 10 min. zachtjes koken.

2 Kook de doperwtjes 3-5 min. in gezouten water, tot ze zacht zijn. Giet ze af en spoel ze af onder ijskoud water. Giet ze weer af en voeg ze aan de saus toe. Laat de saus 3-5 min. zachtjes doorkoken.

3 Breng een grote pan met gezouten water aan de kook. Voeg olie toe, zodat de pasta niet aan elkaar gaat kleven en kook de penne volgens de aanwijzingen op de verpakking. Giet de pasta af.

4 Schep de saus en de geraspte parmezaanse kaas door de penne en serveer het gerecht met de geschaafde kaas.

Romeinse gnocchi

Gnocchi kunnen gemaakt worden van aardappel, pompoen of griesmeel. Gnocchi wordt vaak geserveerd als voorgerecht, maar is ook heerlijk als lunch, in combinatie met een frisse, groene salade.

Voorbereidingstijd: ***35 minuten + 30 minuten afkoelen***
Bereidingstijd: ***2 uur 20 minuten***
Voorgerecht voor 4 personen

40 g ongezouten boter
60 g bacon, in blokjes
1 kleine ui, fijngehakt
1 kleine wortel, fijngehakt
2 el tomatenpuree
1 el bloem
500 g tomaten, ontveld, zonder zaadjes, in stukjes
bouquet garni
4 teentjes knoflook, fijngehakt
5 dl kippenbouillon of water

GNOCCHI
5 dl melk
60 g ongezouten boter
150 g griesmeel
30 g bloem
2 el crème fraîche
1 ei en 2 eierdooiers
4 el versgeraspte parmezaanse kaas
80 g ongezouten boter, gesmolten
peper en zout

1 Verwarm de oven voor op 180 °C. Smelt de boter en bak de bacon goudbruin. Voeg ui en wortel toe en fruit ze 3 min. Voeg de tomatenpuree toe en kook alles 2 min. Bestrooi het mengsel met de bloem en bak het 5 min. Roer de bloem er dan helemaal door. Voeg tomaten, bouquet garni en knoflook toe en laat alles al roerende 5 min. koken. Roer de bouillon erdoor en laat hem 2 min. koken. Dek de pan af en bak alles 1 uur in de oven. Giet het mengsel over in een schone pan. Breng het aan de kook en schep er het bovenste laagje af. Laat het mengsel 20 min. zachtjes koken. Het moet zo dik zijn dat het aan een lepel blijft kleven. Breng het op smaak met zout en peper, zet het apart en houd het warm.

2 Breng voor de gnocchi de melk en de boter in een grote pan aan de kook. Voeg de bloem en griesmeel toe en roer ze op laag vuur dooreen tot ze door de melk zijn opgenomen. Roer nog 5 min., zodat het mengsel van de pan loslaat. Haal de pan van het vuur en voeg de crème fraîche, ei, eierdooiers en de helft van de parmezaanse kaas toe. Roer alles goed tot een glad mengsel. Voeg naar smaak peper en zout toe en spreid het 1 cm dik op een bakblik bedekt met bakpapier uit. Laat 30 min. afkoelen en snijd er dan met een vochtig vormpje van 4 cm rondjes uit. Doe ze in een ovenvaste schaal, besprenkel ze met de gesmolten boter en bestrooi ze met parmezaanse kaas. Bak ze 20 min. in de oven goudbruin en dien ze op met de tomatensaus.

Saffraanpasta met spinazie en ricotta

De heldergele saffraanpasta die in deze maaltijd wordt gebruikt, is net zo gemakkelijk te maken als gewone verse pasta. Met een heerlijke spinazie-ricottasaus is het een perfecte maaltijd voor vegetariërs.

Voorbereidingstijd: ***50 minuten + 15 minuten weken***
Bereidingstijd: ***10 minuten***
Voor 4 personen

PASTA
mespunt saffraandraadjes
300 g bloem
1 tl zout
10 ml olijfolie
3 eieren, losgeklopt

1,25 dl room
100 g ricotta of roomkaas
75 g ongezouten boter
2 teentjes knoflook, fijngehakt
300 g diepvriesspinazie, ontdooid, uitgelekt en fijngehakt
zout en versgemalen zwarte peper
snufje versgeraspte nootmuskaat
versgeraspte parmezaanse kaas

1 Week voor de pasta de saffraan 15 min. in 15 ml warm water. Volg de methode in de Basistechnieken op blz. 62 en voeg saffraan en vocht tegelijk met de eieren toe. Verdeel het deeg in vier stukken en haal het eerst door de fijnste stand van de pastamachine. Stel dan de messen af op 6 mm, zodat u tagliatelle krijgt (zie de Basistechnieken, blz. 63).

2 Meng de room met ricotta of roomkaas in een keukenmachine. Smelt in een koekenpan de boter met het knoflook op matig vuur. Voeg, als de boter niet meer sist, de spinazie toe en sauteer haar 2-3 min. Haal de pan van het vuur, laat de spinazie iets afkoelen en schep haar door het ricottamengsel. Breng op smaak met wat zout, versgemalen zwarte peper en nootmuskaat.

3 Breng een grote pan water met wat zout aan de kook. Voeg olie toe zodat de tagliatelle niet aan elkaar gaat kleven en kook hem in 2-3 min. beetgaar. Laat hem goed uitlekken.

4 Doe de pasta terug in de pan, schep de spinazie-ricottasaus erdoor en verwarm alles een paar minuten. Serveer op vier warme borden met parmezaanse kaas.

Pittige tomatenpasta met venkel

Een feest van levendige smaken uit het Middellandse-Zeegebied met een beetje frisse citroen. U kunt deze saus ook combineren met verse tagliatelle of pasta uit de winkel.

Voorbereidingstijd: ***1 uur***
Bereidingstijd: ***1 uur 10 minuten***
Voor 4 personen

PASTA
300 g bloem
1 tl zout
30 ml olijfolie
3 eieren, licht geklutst
20 g tomatenpuree

450 g venkel
olijfolie om in te bakken
1 rode Spaanse peper
2 teentjes knoflook, fijngehakt
400 g pomodores uit blik, in stukjes
geraspte schil van een halve citroen
takje verse tijm
zout en peper

1 Maak de pasta volgens de Basistechnieken op blz. 62 en voeg de tomatenpuree en de eieren toe. Verdeel het deeg in vier stukken en haal het door de fijnste stand van de pastamachine. Stel de messen in op 6 mm, zodat u tagliatelle krijgt (zie blz. 63). Verwarm de oven voor op 200 °C.

2 Haal de stengels van de venkel. Snijd hem in repen van 2 cm breed. Laat de venkel in kokend water 8-10 min. zachtjes koken. Hij moet zacht zijn als u er met een vork in prikt. Giet de venkel af en leg hem aan een kant van een ingevette bakplaat; sprenkel er een eetlepel olie over. Snijd de Spaanse peper doormidden en verwijder de zaadjes. Bestrijk hem met de olijfolie en leg de helften met de schil omhoog op de andere helft van het bakblik. Bak ze 15 min., tot de venkel goudbruin is. Draai alles tijdens het bakken één keer om. Verwijder de venkel, zet de oven op 220 °C en bak de peper nog 10 min., tot de schil verschroeid is. Laat de peper in een plastic zak afkoelen.

3 Verhit in een pan 2 eetlepels olijfolie en fruit hierin het knoflook lichtbruin. Voeg de tomaten, citroenrasp en tijm toe en laat alles 20-25 min. zachtjes koken tot een dikke brij. Verwijder de tijm.

4 Snijd de venkel in stukjes. Haal de schil van de Spaanse peper en snijd hem in kleine ringetjes. Voeg de venkel en de Spaanse peper toe aan de tomatensaus en breng op smaak met zout en peper.

5 Breng een grote pan met gezouten water aan de kook. Voeg olie toe zodat de pasta niet aan elkaar gaat kleven en kook de tagliatelle in 2-3 min. beetgaar. Giet de pasta af, schep de saus erdoor en serveer.

Groentelasagne

Probeert u eens deze heerlijke, niet-alledaagse lasagne met knapperige groente en kaassaus met een vleugje nootmuskaat.

Voorbereidingstijd: ***1 uur + 30 minuten rusten***
Bereidingstijd: ***1 uur 30 minuten***
Voor 6 personen

PASTA
300 g bloem
1 tl zout
30 ml olijfolie
3 eieren, licht geklutst

KAASSAUS
25 g ongezouten boter
25 g bloem
5 dl melk
peper en zout
¼ tl geraspte nootmuskaat
75 ml room
100 g geraspte gruyère

25 g ongezouten boter
1 kleine ui, in ringen
4 rijpe tomaten, ontveld, zonder zaadjes en in stukjes
1 takje verse tijm
1 laurierblad
200 g wortel, in blokjes
250 g broccoliroosjes
½ bloemkool, in roosjes gesneden
80 g geraspte gruyère

1 Maak de pasta volgens de Basistechnieken op blz. 62. Verdeel het deeg in vier stukken voor u het door de pastamachine haalt. De pastavellen moeten 1-2 mm dik zijn. Snijd de vellen in repen van 8 x 15 cm.

2 Breng een grote pan met gezouten water aan de kook. Voeg olie toe zodat de pasta niet aan elkaar gaat kleven en kook de lasagnevellen in 2-3 min. beetgaar. Leg ze in een kom koud water, giet ze af en leg ze tussen een theedoek.

3 Voor de kaassaus: smelt de boter in een pan en roer er met een houten lepel de bloem door. Laat die al roerend 3 min. zachtjes koken. Haal de pan van het vuur en roer er langzaam de koude melk door. Meng alles goed. Voeg de nootmuskaat en peper en zout naar smaak toe. Zet de pan weer op het vuur en breng alles al roerend langzaam aan de kook. Zet het vuur laag en kook alles al roerend nog ca. 7 min., tot de saus dikker wordt. Roer er de roomkaas en de room door. Haal de pan van het vuur en bedek het oppervlak met beboterd, vetvrij papier.

4 Verhit in een pan de boter en fruit hierin langzaam de ui, zodat hij niet bruin wordt. Voeg tomaat, tijm en laurierblad toe en laat ze 15 min. zachtjes koken tot een brij. Verwijder de laurier en de tijm en breng de saus op smaak met zout en peper.

5 Breng een grote pan met gezouten water aan de kook. Voeg de wortel toe, zet het vuur laag en laat hem 4 min. zachtjes koken. Voeg de broccoli en de bloemkool toe en laat ze 3 min. zachtjes koken. Giet de groenten af en laat ze schrikken met koud water. Laat ze goed uitlekken en zet ze apart.

6 Verwarm de oven voor op 190 °C. Meng de kaassaus met de tomatensaus en laat ze 15 min. zachtjes koken. Doe de groenten bij de saus en breng hem op smaak met peper en zout. Vul een beboterde, ovenvaste schaal van 2-2,5 liter afwisselend met plakjes lasagne en groentesaus. Eindig met de pasta. Bestrooi de bovenkant met kaas en bak de lasagne 35 min.

Pittige wortelpasta met sugar snaps en parmezaanse kaas

De combinatie van wortelpasta met een lichte wortelsaus met groente, zwarte olijven en basilicum, bestrooid met parmezaanse kaas maakt dit gerecht heel bijzonder.

Voorbereidingstijd: ***1 uur***
Bereidingstijd: ***30 minuten***
Voor 4 personen

WORTELPASTA
400 g wortel, in plakjes
250 g bloem
1 tl zout
15 ml olijfolie
4 eieren, licht geklutst

1 grote rode Spaanse peper
120 g sugar snaps
100 g ongezouten boter, gekoeld en in blokjes
snufje geraspte nootmuskaat
15 g verse basilicumblaadjes, versnipperd
30 g kleine zwarte olijven, ontpit en gehalveerd
100 g versgeraspte parmezaanse kaas
peper en zout

1 Meng de wortel met 2 dl water in een keukenmachine tot een dik, glad mengsel. Schenk een kwart van het sap in een pan (houd de rest apart) en kook dit 10 min. op matig vuur tot een dikke puree van ca. 80 ml. Laat hem van het vuur afkoelen.

2 Maak de pasta volgens de Basistechnieken (blz. 62) en voeg de wortelpuree en de eieren toe. Verdeel het deeg in vier stukken en haal het eerst door de fijnste stand van de pastamachine en stel de messen dan af op 6 mm, zodat u tagliatelle krijgt (zie blz. 63).

3 Verwarm de grill voor op hoge temperatuur. Bestrijk de Spaanse peper met olie, leg hem onder de grill en blaker hem, terwijl u hem af en toe omdraait, zwart. Laat de peper in een plastic zak afkoelen. Verwijder de schil, halveer hem, ontdoe hem van zaad en snijd hem in reepjes van 5 mm. Zet ze apart en houd ze warm.

4 Breng een grote pan met gezouten water aan de kook. Voeg olie toe zodat de tagliatelle niet aan elkaar gaat kleven en kook hem in 2-3 min. Afgieten, onder koud water afspoelen en uit laten lekken. Verhit 5 mm olie in een koekenpan en schep hier snel de pasta doorheen. Haal hem uit de pan en zet hem apart.

5 Gooi de sugar snaps in een pan kokend water met zout. Giet ze af en houd ze warm. Breng in een pan het overgebleven wortelsap aan de kook. Zet het vuur laag en klop er de boter door, zodat u een ingedikte saus krijgt. Breng deze op smaak met zout, peper en nootmuskaat. Doe de pasta erbij en laat hem warm worden. Voeg dan de sugar snaps, Spaanse peper, basilicum, olijven en de helft van de parmezaanse kaas toe. Serveer met de rest van de parmezaanse kaas.

Spaghetti alla diavola

Diavola, het Italiaanse woord voor duivel, verwijst naar elke maaltijd die opgepept is met chilipeper en knoflook.

Voorbereidingstijd: ***15 minuten***
Bereidingstijd: ***15 minuten***
Voor 4 personen

2,5 dl olijfolie
500 g spaghetti
2 teentjes knoflook, gesnipperd
½ tl gedroogde chilipeper, of naar smaak
peper en zout
fijngehakte verse peterselie, ter garnering
versgeraspte parmezaanse kaas

1 Breng een grote pan met gezouten water aan de kook. Voeg olie toe zodat de pasta niet aan elkaar gaat kleven en kook de spaghetti volgens de aanwijzingen op de verpakking.
2 Verhit intussen in een pan de olie op matig vuur. Fruit hierin knoflook en de chilipeper in 10-15 min. Het knoflook moet lichtbruin zijn. Giet de pasta af en schep hem door de hete saus. Voeg naar smaak peper en zout toe.
3 Bestrooien met de peterselie en opdienen met de parmezaanse kaas.

Tip van de kok: wees matig met de chilipepers – de ene is heter dan de andere.

Linguine met gorgonzolasaus

Als er geen gorgonzola verkrijgbaar is, kunt u ook een andere milde blauwschimmelkaas gebruiken

Voorbereidingstijd: ***10 minuten***
Bereidingstijd: ***15 minuten***
Voor 4–6 personen

zout
olijfolie
500 g linguine
3 dl crème fraîche, op kamertemperatuur
300 g gorgonzola of andere blauwe kaas, in blokjes

1 Breng een grote pan met gezouten water aan de kook. Voeg olie toe zodat de pasta niet aan elkaar gaat kleven en kook de pasta volgens de aanwijzingen op de verpakking.
2 Breng intussen in een pan met dikke bodem de crème fraîche aan de kook. Haal de pan van het vuur, roer de kaas erdoor tot het mengsel glad is en druk het door een zeef.
3 Giet de pasta af en schep hem door de hete saus. Dien dit gerecht meteen op.

Spaghetti alla diavola (boven) en Linguine met Gorgomzolasaus

Ziti Amatriciana

U kunt in plaats van ziti ook macaroni of penne gebruiken voor dit recept.

Voorbereidingstijd: ***15 minuten***
Bereidingstijd: ***50 minuten***
Voor 4–6 personen

2 el olijfolie
400 g pancetta of bacon, in stukken van 5 mm dik
1 ui, in dunne ringen
2-3 chilipepers, fijngesneden of ½ tl chilipoeder
2 x 425 g stukjes tomaat uit blik of 1,75 kg verse tomaten, ontveld en in stukjes
zout
500 g ziti
versgeraspte parmezaanse kaas

1 Verhit in een pan met dikke bodem de helft van de olie en laat hierin de pancetta of bacon in 5 min. langzaam bruin worden. Giet het overtollige vet af en laat het vlees uitlekken op keukenpapier. Fruit de ui in 3 min. lichtbruin en fruit dan de chilipeper 2 min. mee. Voeg de pancetta of de bacon en de tomaten toe, dek de pan af en laat alles op matig vuur 20 min. koken. Laat de saus dan onafgedekt in 10-15 min. indikken.
2 Breng een grote pan met gezouten water aan de kook. Voeg olie toe zodat de pasta niet aan elkaar gaat kleven en kook hierin de ziti volgens de aanwijzingen op de verpakking.
3 Giet de pasta af en serveer hem met de saus en de parmezaanse kaas.

Tip van de kok: de scherpte hangt sterk af van de gebruikte chilipepers. Bedenk dat de zaadjes en de vliesjes het scherpst zijn. Wees voorzichtig bij de bereiding van de chilipepers en kom niet met uw vingers in de buurt van uw ogen.

Ravioli in rozemarijn-knoflookroom

Pas als u de ravioli doormidden snijdt, ziet u het kleurrijke mengsel van groente, verborgen in een dun omhulsel van pasta. De knoflooksaus smaakt heerlijk bij de groentevulling.

Voorbereidingstijd: ***1 uur 10 minuten***
Bereidingstijd: ***1 uur 30 minuten***
Voor 4 personen

PASTA
200 g bloem
snufje zout
20 ml olijfolie
2 eieren, licht geklutst

GROENTEVULLING
20 g ongezouten boter
1 sjalotje, fijngehakt
100 g champignons, fijngehakt
sap van ¼ citroen
½ wortel, in kleine blokjes
1 kleine courgette, zonder zaadjes, in kleine blokjes
2 el crème fraîche

SAUS
5 dl kippenbouillon
8 teentjes knoflook, gepeld
takje verse rozemarijn, in stukjes van 3 cm
5 dl crème fraîche

peper en zout
1 ei, licht geklutst
versgeraspte parmezaanse kaas

1 Maak de pasta volgens de Basistechnieken op blz. 62. Verdeel het deeg in twee stukken en haal ze door de fijnste stand van de pastamachine zodat u twee lange repen krijgt.
2 Smelt voor de groentevulling de boter op laag vuur en fruit hierin de sjalotjes 3 min. Meng de champignons met het citroensap en voeg ze met wat zout aan de pan toe. Laat alles al roerend 10 min. koken tot de champignons droog zijn. Zet de pan apart.
3 Kook de wortel in kokend water in 2 min. gaar. Spoel hem af met koud water, laat hem uitlekken en dep hem droog. Kook de courgette 1 min. in gezouten water, spoel hem af met koud water, laat hem uitlekken en dep hem droog. Voeg de gekookte groenten toe aan het champignonmengsel. Zet de pan terug op het vuur en voeg de crème fraîche toe. Laat alles 5-7 min. op laag vuur doorkoken, tot het mengsel bijna droog is. Breng het op smaak met peper en zout en laat het afkoelen.
4 Kook voor de saus de kippenbouillon met het knoflook ca. 20 minuten op hoog vuur, tot het mengsel stroperig is en er slechts een paar eetlepels over zijn. Haal de pan van het vuur en laat de rozemarijn in het mengsel trekken tot het afgekoeld is. Verwijder de rozemarijn en meng de saus in een blender glad. Giet hem in een kleine pan en voeg de crème fraîche toe. Laat de saus 35-40 min. zachtjes koken, totdat hij dik genoeg is om op de achterkant van een lepel te blijven zitten. Voeg peper en zout toe en houd de saus warm.
5 Neem een reep deeg en geef met een vormpje van 4 cm doorsnee rondjes aan. Laat er weinig ruimte tussen. Leg vulling in het midden van de rondjes en bestrijk de randen licht met wat ei. Leg het andere pastavel erop en druk de randen stevig aan, zodat de pakketjes afgesloten zijn. Snijd het deeg met het vormpje. Leg de ravioli in een enkele rij op bakpapier (zie blz. 63)
6 Breng een grote pan met gezouten water aan de kook. Voeg olie toe zodat de pasta niet aan elkaar gaat kleven en kook hierin de ravioli in 2-3 min. beetgaar. Giet hem af en serveer met de saus en de parmezaanse kaas.

Parijse gnocchi

Gnocchi is Italiaans voor knoedel en wordt meestal gemaakt van aardappel, bloem of griesmeel. In dit recept zijn ze echter gemaakt van een soort soesjesdeeg, waardoor ze prachtig licht worden.

Voorbereidingstijd: ***30 minuten***
Bereidingstijd: ***40 minuten***
Voorgerecht voor 4 personen

GNOCCHIDEEG
snufje geraspte nootmuskaat
30 g ongezouten boter
65 g bloem
2 geklutste eieren
15 g geraspte gruyère

BECHAMELSAUS
15 g ongezouten boter
2 el bloem
2,5 dl melk
100 g ham, fijngehakt
50 g geraspte gruyère
versgemalen zwarte peper en zout

1 Breng voor het gnocchideeg in een pan nootmuskaat, boter, wat zout en peper met 1,25 dl water aan de kook. Zeef de bloem en roer hem er met een houten lepel doorheen tot zich een bal vormt die loslaat van de pan. Leg de bal in een kom, laat hem afkoelen en roer er dan voorzichtig twee eieren door. Voeg het tweede ei pas toe als het eerste helemaal is opgenomen. Roer de kaas erdoor en zet het deeg apart.

2 Smelt voor de béchamelsaus in een pan de boter op laag vuur en voeg de bloem toe. Kook dit al roerend in 3 min. tot een glad mengsel. Haal de pan van het vuur en laat het mengsel afkoelen. Breng in een andere pan de melk aan de kook en klop hem door het afgekoelde mengsel. Breng het langzaam, al roerend aan de kook, zodat er geen klontjes in komen. Haal de pan van het vuur, voeg de ham en de kaas toe en breng op smaak met peper en zout.

3 Verwarm de oven voor op 160 °C. Breng een grote pan met gezouten water aan de kook en zet een grote kom koud water klaar. Stop het deeg in een spuitzak met een middelgroot mondstuk en spuit het deeg in het kokende water. Snijd het met een mes in stukken van 2,5 cm lang. Kook de gnocchi, nadat ze naar de oppervlakte gerezen zijn, nog 30 sec. in het hete water en leg ze dan in de kom koud water. Laat ze uitlekken en dep ze af met een schone doek.

4 Beboter een ovenvaste schaal en bestrooi deze met peper en zout. Schenk er een kwart van de béchamelsaus in. Vul de schaal verder afwisselend met de gnocchi en de saus en eindig met de saus. Bak de gnocchi 10 min. in de oven, voer de temperatuur op tot 200 °C en bak ze af tot de bovenkant goudbruin is.

Kruidentagliatelle met champignons

Dit recept vraagt om kruidentagliatelle. Als u niet veel tijd hebt, kunt u ook kant-en-klare verse pasta, naturel of spinazie, gebruiken.

Voorbereidingstijd: ***30 minuten***
Bereidingstijd: ***15 minuten***
Voor 6 personen

KRUIDENTAGLIATELLE
300 g bloem
1 tl zout
30 ml olijfolie
3 eieren, licht geklutst
2 el fijngehakte verse kruiden, zoals dragon, peterselie of blaadjes basilicum

20 g ongezouten boter
3 sjalotjes, fijngehakt
400 g champignons, in plakjes
1 el sherry of Marsala
1 dl olijfolie
5 grote tomaten, ontveld, zonder zaadjes en in stukjes
30 g gemengde verse kruiden, fijngehakt
versgemalen zwarte peper en zout
2 el versnipperde basilicumblaadjes of fijngehakte oregano, ter garnering
parmezaanse kaas

1 Maak de pasta volgens de Basistechnieken op blz. 62 en voeg de kruiden tegelijk met de eieren toe. Verdeel het deeg in vier stukken en haal het eerst door de fijnste stand van de pastamachine. Stel de messen af op 6 mm, zodat u tagliatelle krijgt (zie blz. 63).

2 Verhit in een koekenpan de boter op matig vuur en fruit hierin de sjalotjes zacht; laat ze niet verkleuren. Zet het vuur hoog en bak de champignons tot ze beginnen te verkleuren. Bak ze nog 2-3 minuten. Voeg de sherry of Marsala toe en kook het mengsel nog 30 min. Breng het op smaak met peper en zout en zet het apart.

3 Breng een grote pan met gezouten water aan de kook. Voeg olie toe zodat de tagliatelle niet aan elkaar gaat kleven en kook hem in 2-3 min. beetgaar. Giet de pasta af en zet hem apart.

4 Verhit in een grote pan de olijfolie op matig vuur en voeg het champignonmengsel, de kruidentagliatelle, de tomaten en gemengde kruiden toe. Verwarm het mengsel en bestrooi het royaal met peper en zout. Garneer met de versnipperde basilicumblaadjes of de fijngehakte oregano en serveer met de parmezaanse kaas.

Zeevruchtenlasagne

Laagjes zelfgemaakte pasta, verse vis en zeevruchten, romige witte saus en mozzarella maken dit tot een gedenkwaardige maaltijd. U kunt natuurlijk ook kant-en-klare lasagnevellen gebruiken.

Voorbereidingstijd: ***1 uur 35 minuten***
Bereidingstijd: ***1 uur 20 minuten***
Voor 12 personen

PASTA
300 g bloem
1 tl zout
30 ml olijfolie
3 eieren, licht geklutst

4 sjalotjes, fijngehakt
3,5 dl droge witte wijn
2 takjes verse tijm
1 laurierblad
1 kg verse mosselen, schoon geboend
600 g kammosselen, donkere ader verwijderd
600 g kabeljauwfilet, in blokjes
600 g gekookte en gepelde garnalen, drooggedept
500 g mozzarella, in dunne plakjes

SAUS
60 g ongezouten boter
100 g bloem
6 dl room
peper en zout
500 g ricotta

1 Maak de pasta volgens de Basistechnieken (blz. 62). Verdeel het deeg in vier stukken en haal het door de pastamachine. Het deeg moet 1 mm dik zijn. Snijd de pastavellen in rechthoeken van 10 x 12 cm.

2 Breng een grote pan met gezouten water aan de kook. Voeg olie toe zodat de pasta niet aan elkaar gaat kleven en kook de lasagne in porties in 1-2 min. beetgaar. Leg de vellen in een bak koud water, giet het af en leg ze tussen een theedoek.

3 Breng de sjalotjes, wijn, tijm en laurierblad in een grote pan aan de kook. Voeg de mosselen toe en laat alles afgedekt 5 min. zachtjes koken tot de mosselen open gaan. Haal ze uit het vocht en gooi de schelpen en ongeopende mosselen weg. Laat ze uitlekken op keukenpapier. Voeg de kammosselen toe, pocheer ze 3 min. en laat ze uitlekken op keukenpapier. Giet het kookvocht door een zeef bedekt een theedoek. Spoel de pan om en schenk de vloeistof weer in de pan. Zet het vuur hoger totdat de vloeistof kookt en voeg de kabeljauw toe. Pocheer hem 3-5 min. en laat hem uitlekken op keukenpapier. Giet 5 dl van het kookvocht terug in de pan, laat het 10 min. zachtjes koken en schep het schuim eraf. Houd het apart en laat het afkoelen.

4 Smelt voor de saus de boter in een kleine pan. Voeg de bloem toe en kook hem 2 min. zonder hem te laten verkleuren. Neem de pan van het vuur en voeg al roerend het kokende vocht toe. Zet de pan weer op het vuur, breng het vocht aan de kook en laat het 3 min. al roerend langzaam koken. Voeg de room toe. Breng op smaak met peper en zout.

5 Verwarm de oven voor op 180 °C. Meng in een kom alle vis met 60 ml van de saus. Meng in een andere kom de ricotta met 2,5 dl van de saus.

6 Beboter een ovenschaal van 35 x 25 cm. Bedek de bodem met een beetje saus. Leg hier de pasta op en schep daar een derde van het vismengsel op. Spreid met een lepel of spatel de ricotta gelijkmatig uit over de vis, bedek die met een laag mozzarella en schep hier weer 1,25 dl van de saus over. Bestrooi met zout en peper. Herhaal dit proces twee keer. Eindig met een laag pasta met daar overheen de saus. Leg de resterende mozzarella bovenop en bak de lasagne in 25 min., tot er een lichtbruin korstje op de kaas zit. Laat de lasagne 5 min. afkoelen voor u hem aansnijdt.

Spaghetti puttanesca

Een populaire Italiaanse saus gemaakt van een pikante combinatie van knoflook, tomaten, kappertjes, olijven en ansjovis.

Voorbereidingstijd: ***35 minuten***
Bereidingstijd: ***50 minuten***
Voor 4 personen

3 el olijfolie
4 teentjes knoflook, fijngehakt
800 g tomaten, ontveld, zonder zaadjes en in stukjes
¼-½ tl gedroogde rode peper
2 el kappertjes, uitgelekt
125 g ontpitte zwarte olijven
2 dl kippenbouillon of water
30-40 g ansjovisfilet uit blik, uitgelekt en in grove stukken
2 el vers basilicum, fijngehakt
2 el verse peterselie, fijngehakt
500 g spaghetti
peper en zout

1 Verhit op laag vuur de olijfolie in een middelgrote pan. Fruit hierin het knoflook zonder het bruin te laten worden. Voeg de tomaten, rode peper, kappertjes, olijven en bouillon of water toe. Breng alles aan de kook en laat het afgedekt op matig vuur 20 min. koken. Verwijder het de deksel en laat alles nog 25 min. zachtjes koken. Voeg ansjovis, basilicum en peterselie toe.
2 Breng een grote pan met gezouten water aan de kook. Voeg olie toe zodat de pasta niet aan elkaar gaat kleven en kook de spaghetti volgens de aanwijzingen op de verpakking. Giet hem af, schep hem door de warme saus en dien op.

Siciliaanse pasta

Tonijn en sardientjes zijn de meest voorkomende vissoorten in Sicilië.

Voorbereidingstijd: ***30 minuten***
Bereidingstijd: ***50 minuten***
Voor 6 personen

1,25 dl olijfolie
2 kleine uitjes, fijngehakt
700 g tomaten, ontveld, zonder zaadjes en fijngehakt
3 teentjes knoflook, uitgeperst
bouquet garni (zie Tip van de kok)
80 g zwarte olijven, ontpit en fijngehakt
200 g champignons, in plakjes
500 g verse tonijn, in blokjes van 1 cm
500 g pappardelle
2 el verse, fijngehakte peterselie
2 el versgeraspte parmezaanse kaas

1 Breng in een pan met dikke bodem een derde van de olijfolie aan de kook en fruit hierin de uitjes glazig. Voeg de tomaten, knoflook en bouquet garni toe en kook ze zachtjes 30-35 min. Hussel er de zwarte olijven door. Sauteer in een aparte pan de champignons in een derde van de olijfolie. Breng het mengsel op smaak met peper en zout en laat het in een zeef uitlekken.
2 Verhit in een koekenpan de overgebleven olie op hoog vuur. Bestrooi de tonijn lichtjes met zout en peper en sauteer hem in de hete olie.
3 Breng een grote pan met gezouten water aan de kook. Voeg olie toe zodat de pasta niet aan elkaar gaat kleven en kook hierin de pappardelle volgens de aanwijzingen op de verpakking. Giet hem af en doe hem over in een grote kom. Voeg de tomatensaus, tonijn en champignons toe en schep ze goed om. Bestrooi de pasta met de peterselie en de parmezaanse kaas en serveer meteen.

Siciliaanse pasta (boven) en Spaghetti puttanesca

Basistechnieken

Pasta maken

De hoeveelheid bloem, zout, olijfolie en eieren die u nodig hebt voor het maken van de pasta staat in de lijst met ingrediënten van elk recept. Gebruik verse pasta dezelfde dag.

Meng in een kom bloem, zout, olijfolie en eieren of eierdooiers in een keukenmachine in korte stoten tot een kruimelig deeg.

Druk het deeg met duim en wijsvinger samen om te kijken of het samen blijft hangen. Zo niet, zet dan de keukenmachine nog even aan.

Leg het deeg op een met bloem bestoven ondergrond en kneed het in 2 min. glad. Wikkel het in plasticfolie en leg het 20 min. in de koelkast. Maak een pastamachine vast aan de rand van een tafel.

Verdeel het deeg in zoveel stukken als vermeld staat. Houd het afgedekt en werk met één stuk deeg tegelijk. Plet het in de vorm van een rechthoek en rol het door de grofste stand van de met bloem bestoven pastamachine.

Vouw het deeg in drieën en haal het opnieuw door de grofste stand van de pastamachine. Herhaal dit proces 10 keer, terwijl u af en toe de pastamachine met bloem bestuift, zodat de pasta er niet aan blijft kleven.

Haal het deeg, zonder het te vouwen, door steeds dunnere standen, totdat u het door de fijnste stand hebt gehaald. Herhaal het proces met de andere stukken deeg.

Pasta met de hand maken

Dit is de traditionele manier om pasta te maken, zonder een keukenmachine te gebruiken.

Zeef de bloem en het zout op een werkoppervlak. Maak met de hand een grote kuil in het midden en giet hierin de eieren of de eierdooiers en de olijfolie.

Kneed met uw vingertoppen geleidelijk de bloem door de vloeibare ingrediënten.

Veeg het mengsel voortdurend bij elkaar totdat het een deeg geworden is. Kneed het deeg in 10 min. glad en elastisch. Verdeel het in stukken zoals aangegeven in het recept. Bedek het met plasticfolie.

Pasta uitrollen

Op een groot, met bloem bestoven werkoppervlak kunt u een grote lap uitrollen.

Rol het deeg zo dun mogelijk uit, vouw het doormidden en rol opnieuw. Rol de rand van de lap deeg om de deegroller en rek het deeg op. Herhaal dit proces tien keer. Rol uit tot de gewenste dikte.

Ravioli maken

U kunt de ongekookte ravioli in een enkele laag op bakpapier in de vriezer of koelkast bewaren.

Strijk een beetje water of ei langs elk hoopje vulling.

Leg het tweede pastavel erop en druk het langs de vulling stevig aan, zodat u de lucht buitensluit en u het pakketje afsluit. Snijd de ravioli uit met een pastasnijder of een biscuitvormpje.

U kunt ook de raviolisnijder op de pastamachine gebruiken. Leg twee pastavellen in de met bloem bestoven pastamachine en leg twee hoopjes vulling in de gleuf. Draai aan de hendel om de ravioli te snijden.

Tagliatelle maken

Droog de tagliatelle door hem 1-2 uur op een met bloem bestoven theedoek over een stoel te hangen.

Haal de lap pasta door een met bloem bestoven pastamachine met tagliatellehulpstuk. Of rol de lap uit en snijd hem met een mes in stroken. Kook ze meteen of laat ze naast elkaar drogen.

Register

Oorspronkelijke titel: Le Cordon Bleu – Pasta
Managing editor: Kay Halsey
Series Concept, Design and Art Direction: Juliet Cohen
De uitgever en Cordon Bleu bedanken Carole Sweetnam voor haar hulp bij deze serie, evenals de 32 chef-koks van de Cordon Bleu-school, wier kennis en ervaring dit boek tot stand hebben gebracht, in het bijzonder: Cliche (MOF), Terrien, Boucheret, Duchêne (MOF), Guillut, Steneck, Parijs; Males, Walsh, Hardy, Londen; Chantefort, Bertin, Jambert, Honda, Tokyo; Salembien, Boutin, Harris, Sydney; Lawes, Adelaide; Guiet, Denis, Ottawa.

Productie Nederlandstalige editie: TextCase, Groningen
Vertaling: Sanne Wielenga (voor TextCase)
Redactie: Heleen Silvis (voor TextCase)
Zetwerk: Niels Kristensen (voor TextCase)
Projectcoördinatie: Sylvia Hecken
Gedrukt en gebonden door Sing Cheong Printing Co., Ltd.
Printed in China

ISBN 3-8290-0627-6

10 9 8 7 6 5 4 3 2 1

BELANGRIJKE INFORMATIE

TIP: bij onze gerechten gebruiken we eetlepels met een inhoud van 20 ml (= 4 theelepels). Als u eetlepels van 15 ml gebruikt, voegt u bij bakpoeder, meel en soda een theelepel extra toe. Bij de meeste andere ingrediënten doet het verschil er niet toe.

BELANGRIJK: om eventuele besmetting met salmonella te voorkomen, moet u voor alle gerechten steeds verse eieren gebruiken.